KB007684

그냥 좋게 받아들이세요

Original title: ***Take it as a Compliment***

First published in the UK and USA in 2016 by Singing Dragon,
an imprint of Jessica Kingsley Publishers Ltd. 73 Collier Street,
London, N1 9BE, UK
www.singingdragon.com

Printed in Korea

그냥 좋게 받아들이세요

마리아 스토이안 글, 그림 강희진 옮김

북레시피

한국 독자들에게

“당신은 혼자가 아닙니다”

『그냥 좋게 받아들이세요』는 처음에 익명의 상대자와 대화를 나누는 것으로 시작하였다가 성폭력을 경험한 수많은 피해자들의 사례가 집결되면서 한 권의 책으로 만들어졌습니다. 이 책이 한국어로 번역, 출판된 데 대하여 영광스럽고 기쁘게 생각합니다. 이 책은 전 세계 어디에나 보편적으로 퍼져 있는 이야기들을 담고 있습니다. 책 속의 이야기들이 여러분에게 너무나도 익숙하게 다가온다면 부디 이 점을 잊지 마세요. 당신은 혼자가 아닙니다. 그리고 당신의 이야기는 매우 중요합니다.

마리아 스토이안

차례

하나

8월,
바르셀로나에 갔을 때다.
기온은
35도를 넘어섰고
도시는
사람들로 꽉 차 있었다.
내가
지하철을
탄 건
오후
2시쯤이었다.
그때
치마 밑으로
손 하나가
미끄러져 들어오는
느낌이 왔다.

서로 밀리고 밀치는
만원 지하철 안에서
나는 그 손이
우연한 접촉이려니
하고 넘겼다.
그런데 지하철이
출발하자마자
네 개도 넘는 손들이
다시 치마 속으로 들어왔다.

손 하나가
내 허벅지를
기어올라
속옷을 더듬었다.
내 성기를
강하게
누르는
손가락이
느껴졌다.
나는 몸을 비틀며 돌아서서
손들을 뿌리쳤다.
그들은 멈추지 않았고,
아무도 신경 쓰지 않았다.

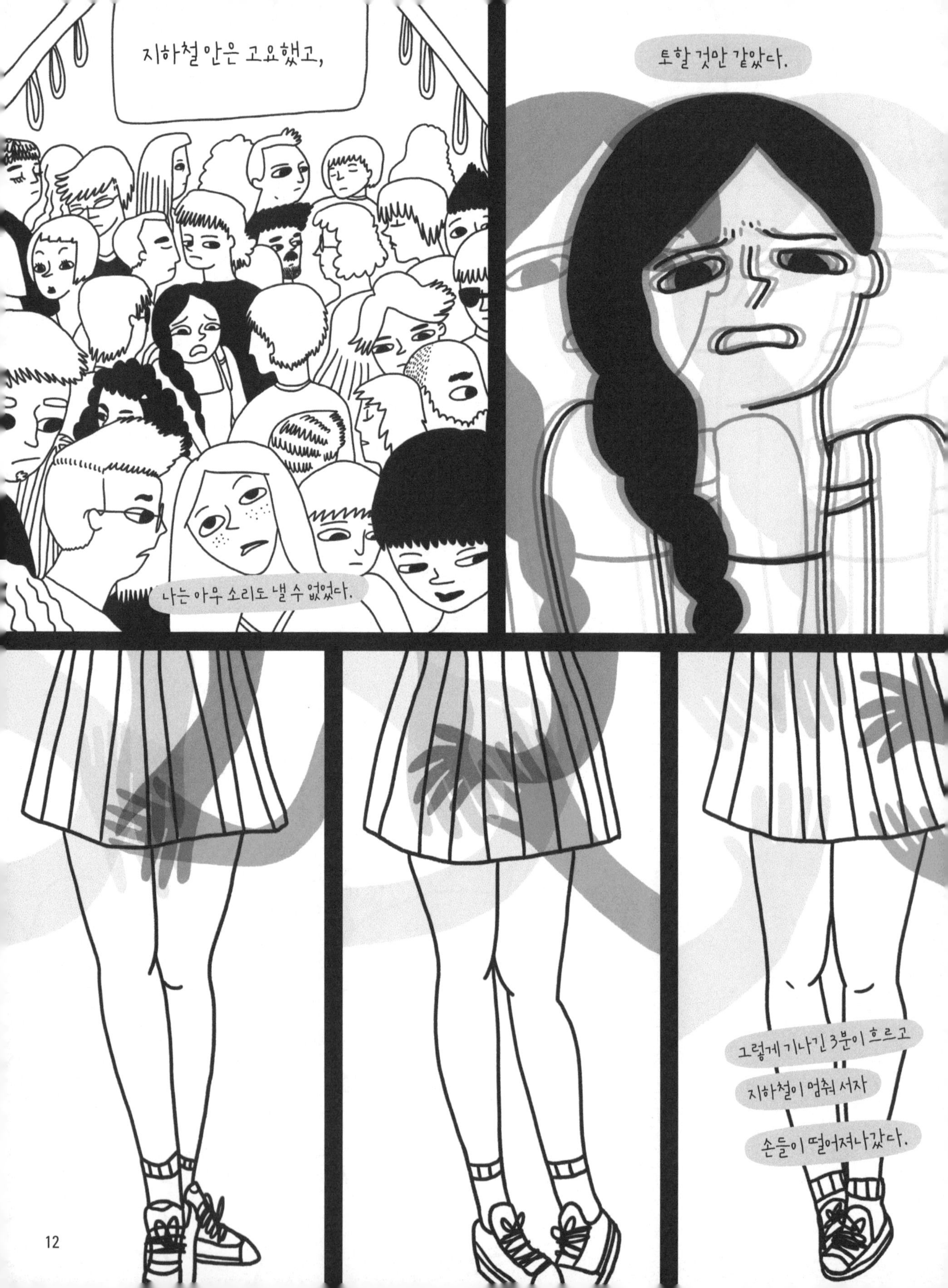
지하철 안은 고요했고,
나는 아무 소리도 낼 수 없었다.
토할 것만 같았다.
그렇게 기나긴 3분이 흐르고
지하철이 멈춰 서자
손들이 떨어져나갔다.

나는 지하철 출입문 쪽으로
움직였다.
그리고 울기 시작했다.

내가
열다섯 살 때였다.

둘

이후 벌어진 일은 상상에 맡긴다.

이 얘길 하는 지금도
나는 두려움에 떨고 있다.

셋

실질적인 나의 첫 연애는

폭력으로 변했다.

육체적 폭력,

성적 폭력,

언어폭력.

나는 나보다 훨씬 더 나이가 많은
친한 친구에게 이 사실을 털어놓았고

여느 때처럼
큰 위로와 조언을 얻었다.

열여덟 살이 된 여름,
데이트 폭력에서 벗어난 지
반년이 흐른 뒤였다.

나는 앞에서 말한 나이 많은 친구와
불꽃놀이를 하러 갈 예정이었는데,

어쩌다 보니 내가 사는 집으로
밥을 먹으러 가게 되었다.

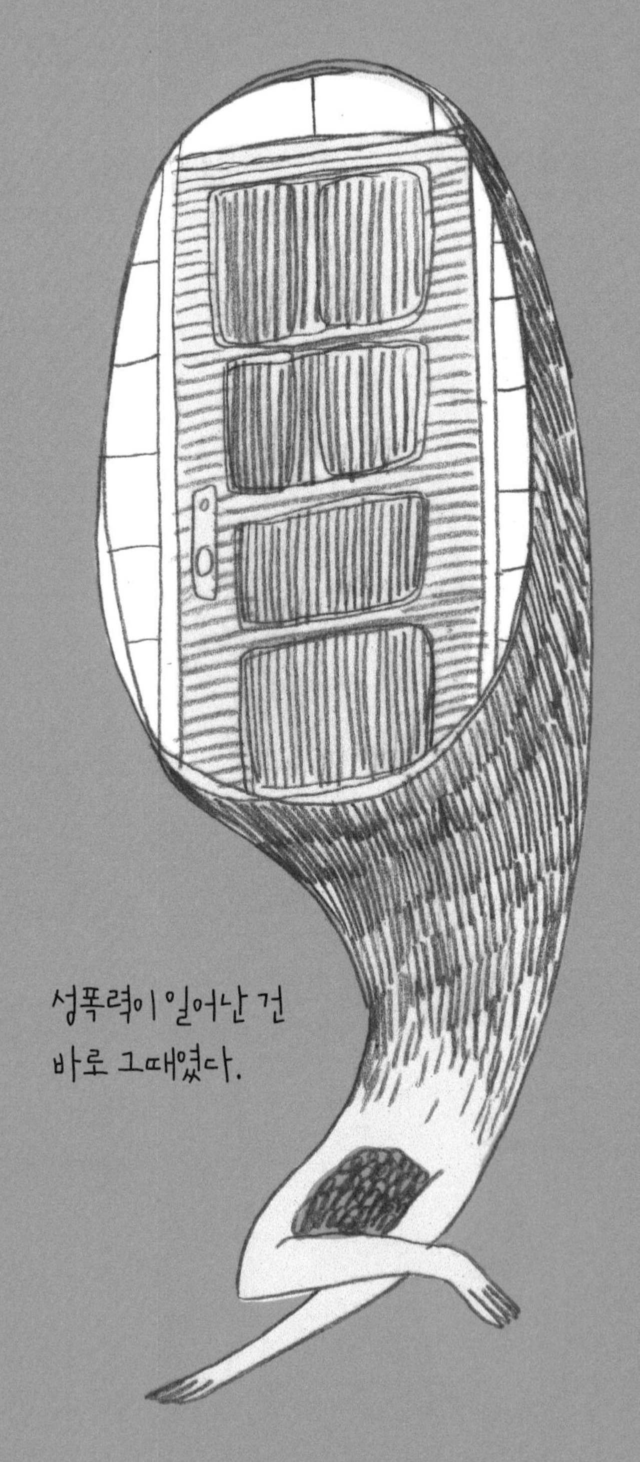

성폭력이 일어난 건
바로 그때였다.

배신감, 죄책감, 자기혐오,
그때의 감정들은 어떤 말로도 표현할 수 없다.

넷

성관계를 하고 항상 후회하게 되는데 그중에서도 언제까지나 나를 따라다니며 괴롭히는 일이 하나 있다.
그런데 문제는 그 사건의 전말을 도무지 기억할 수 없다는 것.

마지막으로 기억하는 건 내가 친구의 침대 위에 앉아 크림소다와 보드카를 마시고 있었다는...

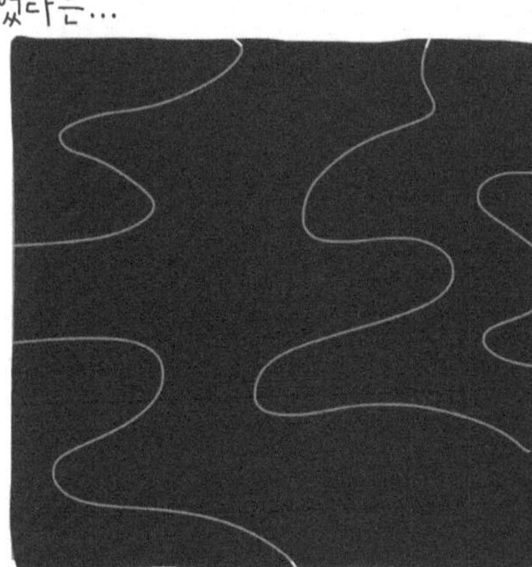

그리고 어떤 여자가 전자레인지에 피자를 데우고 있었고.

그다음으론 내가 잘 알지도 못하는 남자와 함께 어두운 침실로 들어갔다는 게 기억난다.
그가 무슨 짓을 했는지는 말하지 않겠다. 내 인생에 두 번 다시 그런 일은 없을 거라고만 밝혀두겠다.

그가 자고 있는 동안 나는 그의 방을 빠져나왔다.

그런데 내 바지를 찾을 수가 없었다. 어쩔 수 없이 그의 빨래통 속에서 바지 하나를 꺼내 입었다.

비틀거리며 내 방으로 돌아가는데 휴게실에 있던 남자가 나를 보고 빈정거렸다.

다음 날 아침 일어나서 그의 운동복 바지를 세탁하는데...

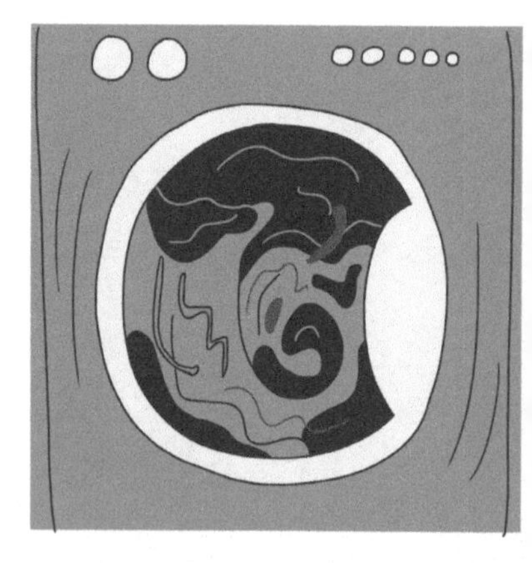

바지에 피가 묻어 있었다.

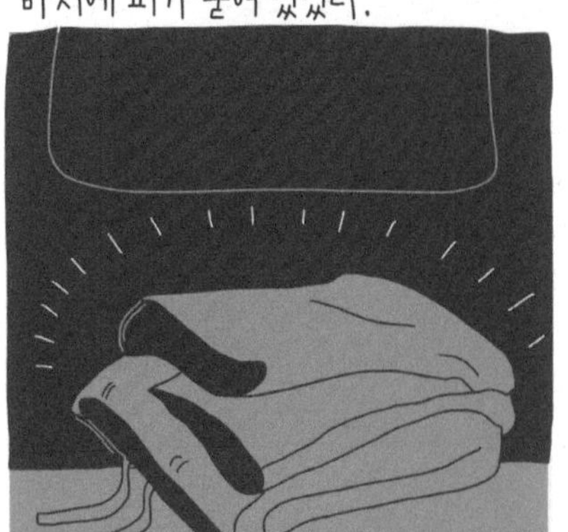

하지만 나는 집착하는 것처럼 보이고 싶지 않았기 때문에 그의 방문 밖에 바지만 놔두고 그냥 왔다.

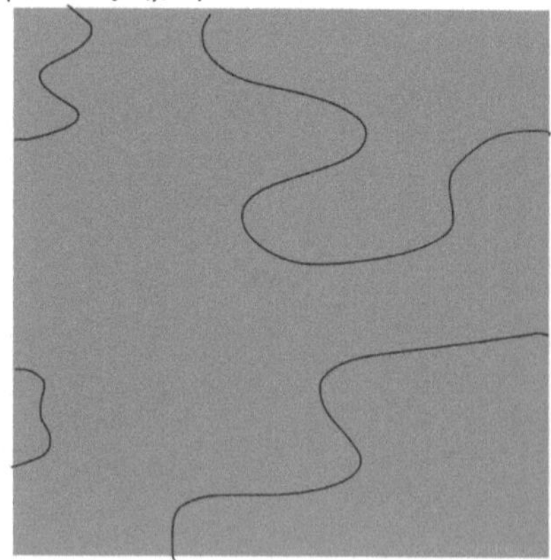

크림소다와 피자까지는 기억하는데 내가 어쩌다가 그 지경에 이르게 되었는지 아직도 의문이다.

다섯

그동안 나는 낯선 사람들이 나를 만질 때
그러지 말라고 말하지 못했다. 단 한 번도.
그날 그 일이 있기 전까지.
타임 스퀘어
NO Really, THIS one is the #1 musical
BOOZE
VROOOM
Sex Sells
oooh la la
Perfume, maybe
이 손 좀 치워요.
저리 비켜요.
하지 마.
이러지 마세요.
logo
BUY OUR
WORD SELL

그날 밤,
나는 친구를 만나러
한 카페에
들어가는 길이었다.
PULL
funny person
go see this show
puppets

그런데
이 남자
뭐지!
문을
막아선다
funny person
go see this show

너무 취해 보였고
오싹한 느낌까지
주는 남자였다.

섹시한데!
(지금 이 상황은
뭐지?)

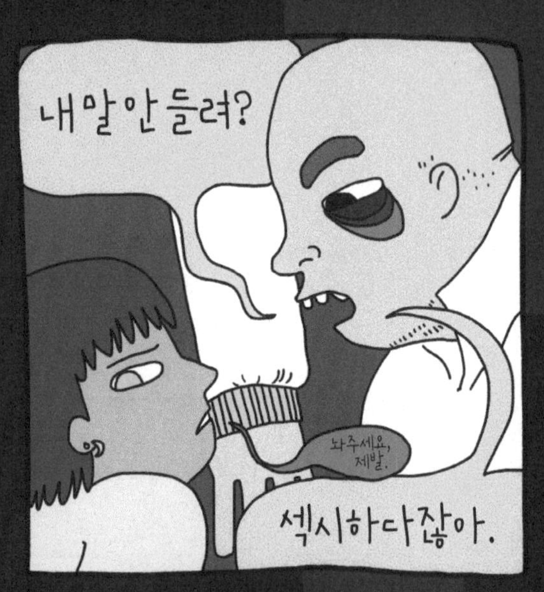

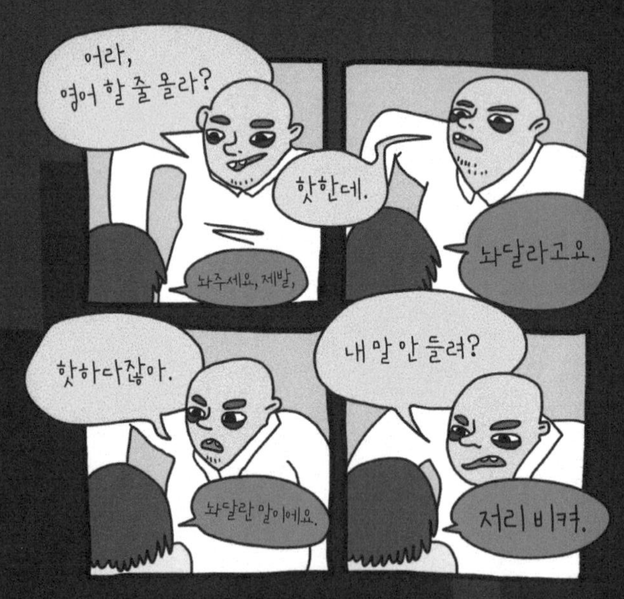

그것이
뉴욕시티에 대한
나의 첫인상이었다.

여섯

버스 정류장에서

이봐,
입으로 애무하는 거 잘해?

내 남자친구는
그렇다고 생각하던데.

우리가 그걸 하게 될지
모르겠지만,
난 아침에 하는 게 좋아.

일곱

아홉살

가족끼리 자주 만나서 알게 된 친구가 있었다.

"안 그러면 너희 아빠한테 다 이를 거야."

"안 그러면 너희 아빠가 불같이 화낼걸!"

"안 그러면…"

아빤 분명이 상황을 해결하고
날 보호해줬을 거다.

그런데 난 무서워서 이 오빠가 시키는 대로 다 했다.
너무 어려서 이해하지도 못하는 것들을.
야단맞는 게 두려웠기 때문이다.

열두 살

한 친구 집에 갔는데
난 그에게 홀딱 반하고 말았다.
하지만 당시 나는 남자친구가 있었다.

그는 내가 자기한테 호감을
갖고 있다는 걸 이용하기로 작정했다.
나는 불편해지기 시작했다.

*"나 그만 갈래."

"안 그러면 학교에 소문 쫙 퍼뜨릴 거야.
너 그거 했다고."

"네 남자친구도 알게 되겠지."

"넌 웃음거리가 될 거야."

그래서 나는 그걸 했다.

나중에 그의 친구가
나를 위로해주려고 했다.

하지만 나의 '친구'는 그대로
꺼져버렸다.

이후로 나는 그 애들 소식은
한 번도 듣지 못했다.

열여섯 살

나는 이 남자와 사귀고 있었다.

그는 정말 착했고
내가 가장 오래 사귄 남자였다.

(무려 2년!)

어느 날 밤,

그가 등 마사지를 해주겠다고 했고,
나는 무척 기분이 좋았다.

마사지 오일을 찾아내서 등에 발라주기
까지 했다. 나는 속옷만 입고 있었다.

그런데 그때,
물어보지도 않고, 예고도 없이,

그가 내 뒤쪽에서
성기를 불쑥 들이밀었다.

가타부타 어떤 신호도 없이.

내게 등 마사지를 해주었기 때문에
자기한테도 당연히 항문 성교를 할 권리가
있다고 여겼던 것이다.

여덟

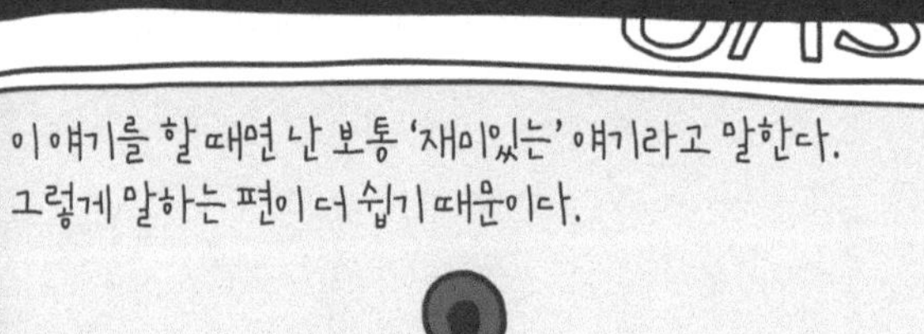

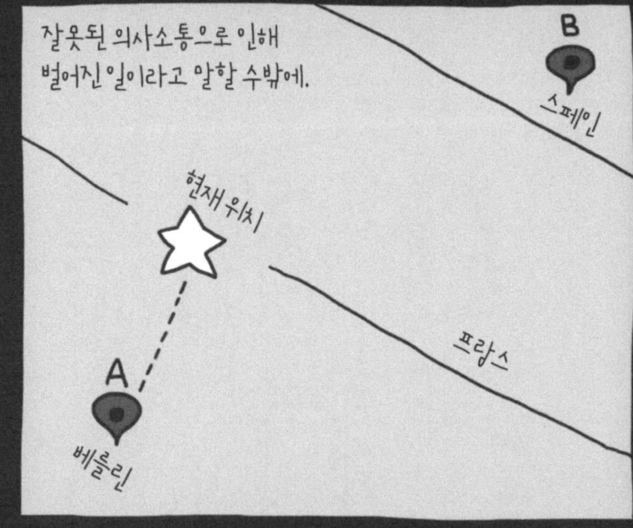

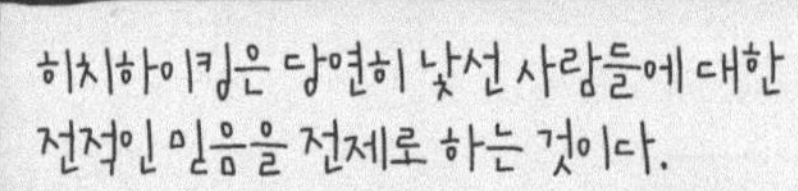

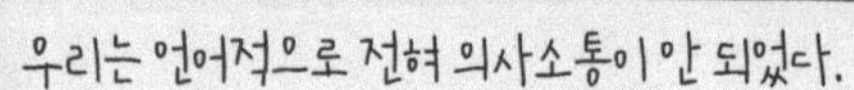

그래서 제스처로 소통을 했다.

마르세유

보디랭귀지야말로 실질적인 의사소통의 도구였으니까.

그가 화장실에서 세수를 하자고 했다.
그러려니 하고 난 별다른 생각이 없었다.
차창은 썬팅이 되어 있었다.

음…
그는 나더러 편하게 앉으라는 제스처를 해 보였다.
나는 편안한 척하려고 애썼다.
마사지?
마사지?

어쩌면 내 잘못이었는지도 모르겠다.

아니면 내가 너무 순진했던가…

아홉

친구 테일러의 집에 있을 때였다.
난 열다섯 살이었다.
소파에서 테일러의 남자친구 옆에 앉아 있었다.

테일러는 욕실에서
화장을 하고 있었다.

그는 우리보다
나이가 많았고,
키가 2미터 10도
넘었다.

그가
무슨 말을 했는지
정확히 기억나지는
않는다.

그런데 그가 갑자기
성기를 꺼냈다.
지—익

그가 나를 성폭행하면
난 상처받을 거고,
테일러는 분명 나한테
미치도록 화를 낼 거야!

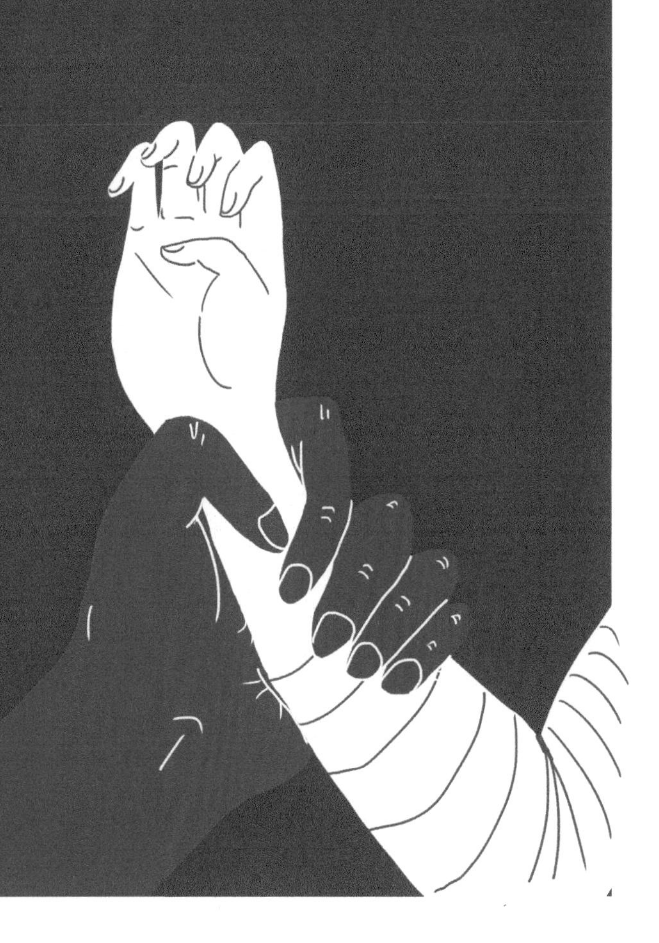

안돼
안돼
안돼
안돼
안돼
안돼
안돼
안돼
안돼

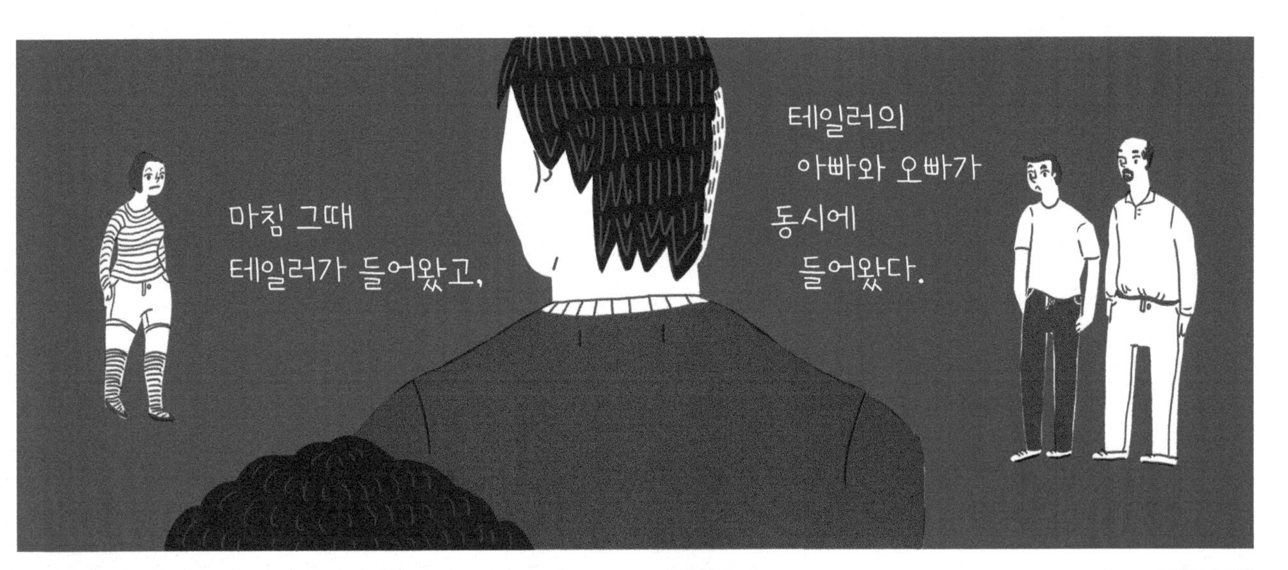
마침 그때
테일러가 들어왔고,
테일러의
아빠와 오빠가
동시에
들어왔다.

무슨
짓이야?!

얘가 날
덮치려고 하잖아!
거짓말
하지 마!

그가 손을 놓고
나를 밀쳐냈다.

아니야.
말도 안 돼!
아니야,
아니라고!
나는 충격이 너무 커서
대꾸할 말도
제대로 나오지 않았다.

다행히도
테일러의
오빠가
내 편에
서주었다.

그들이 그를 휘어잡았다.

그리고 집 밖으로 끌어냈다.

이후로 다시는 그를 보지 못했다.

열

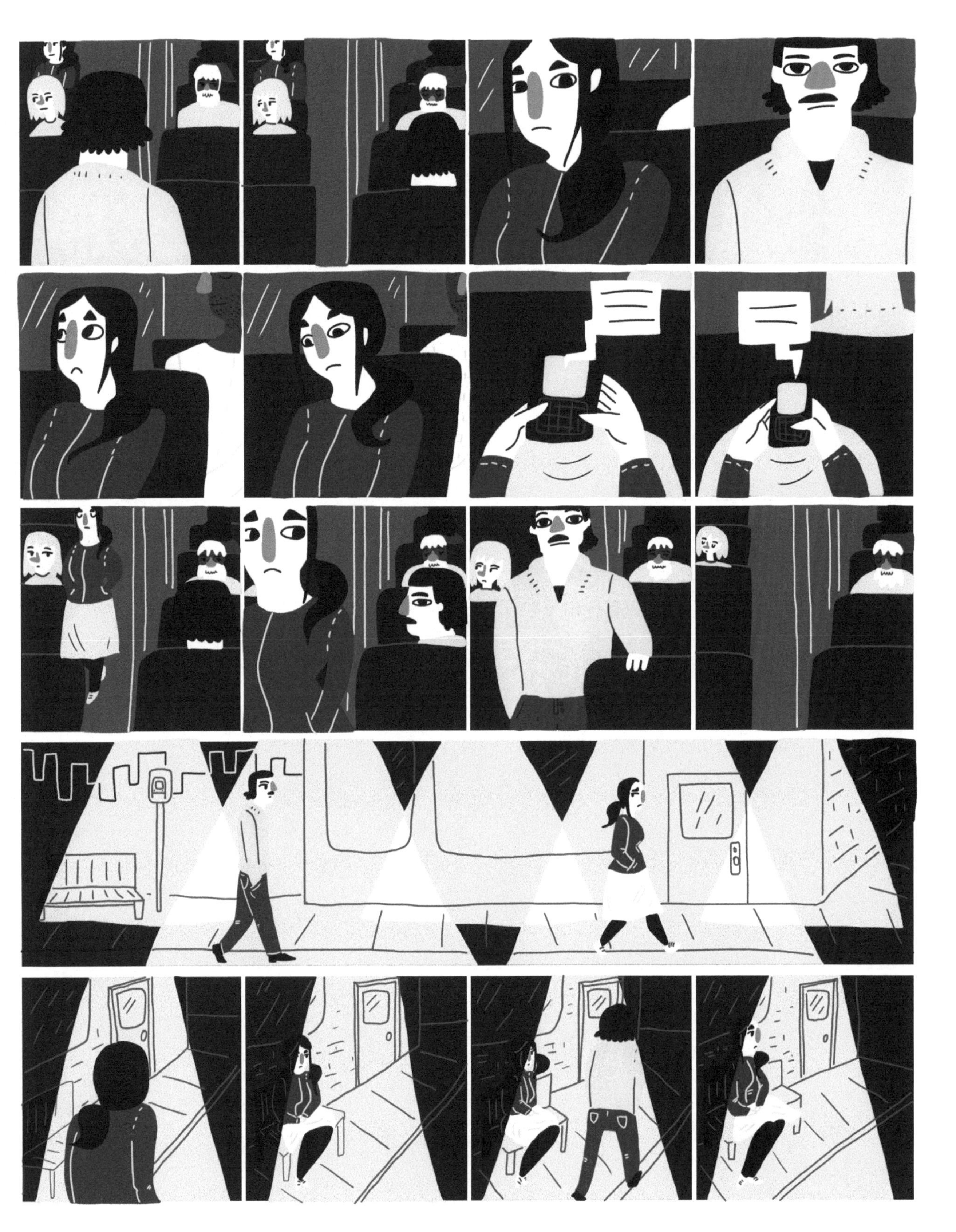

열하나

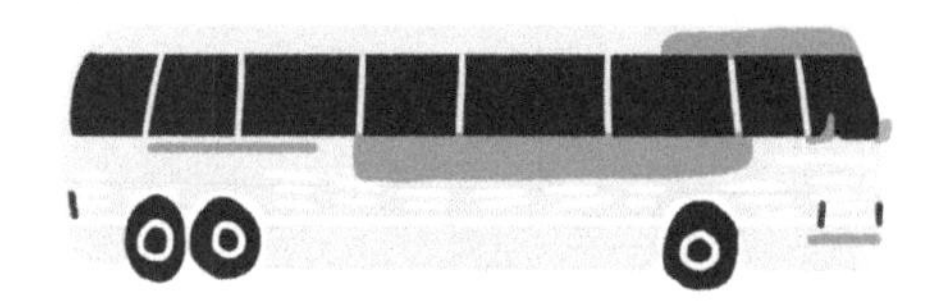

넥소피아 사이트에서 만난 우리는 정말 죽이 잘 맞았다. 그레이하운드 고속버스를 타고 서로 왔다 갔다 하기도 했는데 한번은 그의 친구들이 같이 왔었다. 그들은 지하에서 게임을 즐기고 있었고 그사이 나는 그에게 다 먹은 그릇들을 좀 치우라고 말했다. 그가 내 말을 무시하자 난 그의 컴퓨터 화면을 손으로 가렸다.

그가 날 때린 것은 그때가 처음이었다. 안경이 3미터쯤 날아갔다. 충격이었다. 지금까지 나는 한 번도 뺨을 얻어맞아본 적이 없었고 꺼지라는 심한 말을 들어본 적도 없었다. 나는 안경을 집어 들고 그릇을 치웠다.

다음 날 그가 물었다. 왜 때렸는지 아느냐고. 모르겠다고 했더니 그는 30분에 걸친 긴 연설을 늘어놓았다. 그가 친구들과 게임을 할 땐 절대 방해를 해서는 안 되는 것에 대하여. 그래서 나는 그저 알겠다고 대답했다.

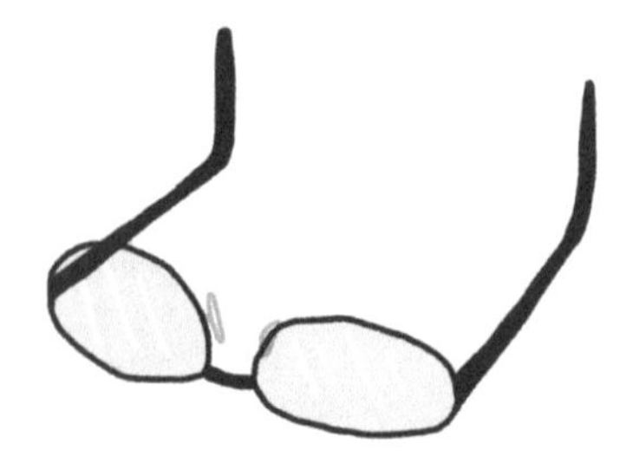

알아차렸어야 하는 건데
알아차렸어야 하는 건데
알아차렸어야 하는 건데

〈나는 그게 얼마나 힘든 건지 깨닫지 못했다. 육체적으로 가해진 일의 기억을 잊기가…〉

세탁기를 돌리고 있는데 그가 성관계를 요구하며 자꾸 나를 괴롭혔다. 나는 하지 말라고, 지금은 안 된다고, 바쁘다고 말했다. 치근덕대며 귀찮게 하는 강도가 커지면서 좌절감까지 들었다. 내가 세탁물을 집으려고 몸을 굽히는 순간 그가 나를 눌러 제압했다. 나는 그에게 당장 그만두라고 말했다. 하나도 재미 없다고. 하지만 그는 내 팔을 움켜쥐더니 등 뒤로 꺾고는 내 팬티를 내렸다.

울며 싫다고 말하는데도 강제로 당하는 것보다 더 공포스러운 건 없다. 그것도 믿었던 사람에게서 말이다. 남는 건 완전한 배신감과 무력감뿐. 누군가에게 억지로 성폭행을 당하는 기분이란… 성폭행을 저지르면서 울지 말고 그냥 즐기라니… 울지 말고 즐겨라. 나는 그 말을 똑똑히 기억한다. 즐겨라. 여기에 견줄 수 있는 말은 아무것도 없다. 아무것도.

한참 울고 난 뒤 나는 샤워를 했다. 몸 구석구석을 박박 문질렀다. 역겨웠다. 더럽고 추잡하고. 나는 아무것도 아닌 것처럼 느껴졌다.

하지만 나는 샤워를 하고 나서 그저 평소대로 아무 일 없었던 듯 지냈다. 그 일이 있었을 때 나는 그것을 성폭행이라고 여기지 않았기 때문이다. 우리는 결국 사귀었고 그는 그런 행위를 하는 것이 허용되었다. 이게 말이 되는 일인가?

그가 이사를 들어왔다. 그는 매일 밤 섹스를 원했고, 나는 하루 일과를 마치고 난 후 너무 피곤해서 실랑이할 여력도 없었다. 우리는 그사이 고양이 한 마리를 키웠다. 그가 지은 이름이 정말 마음에 들지 않았지만 그럼에도 불구하고 나는 그 고양이를 좋아했다.

울지마,
그냥 즐겨.

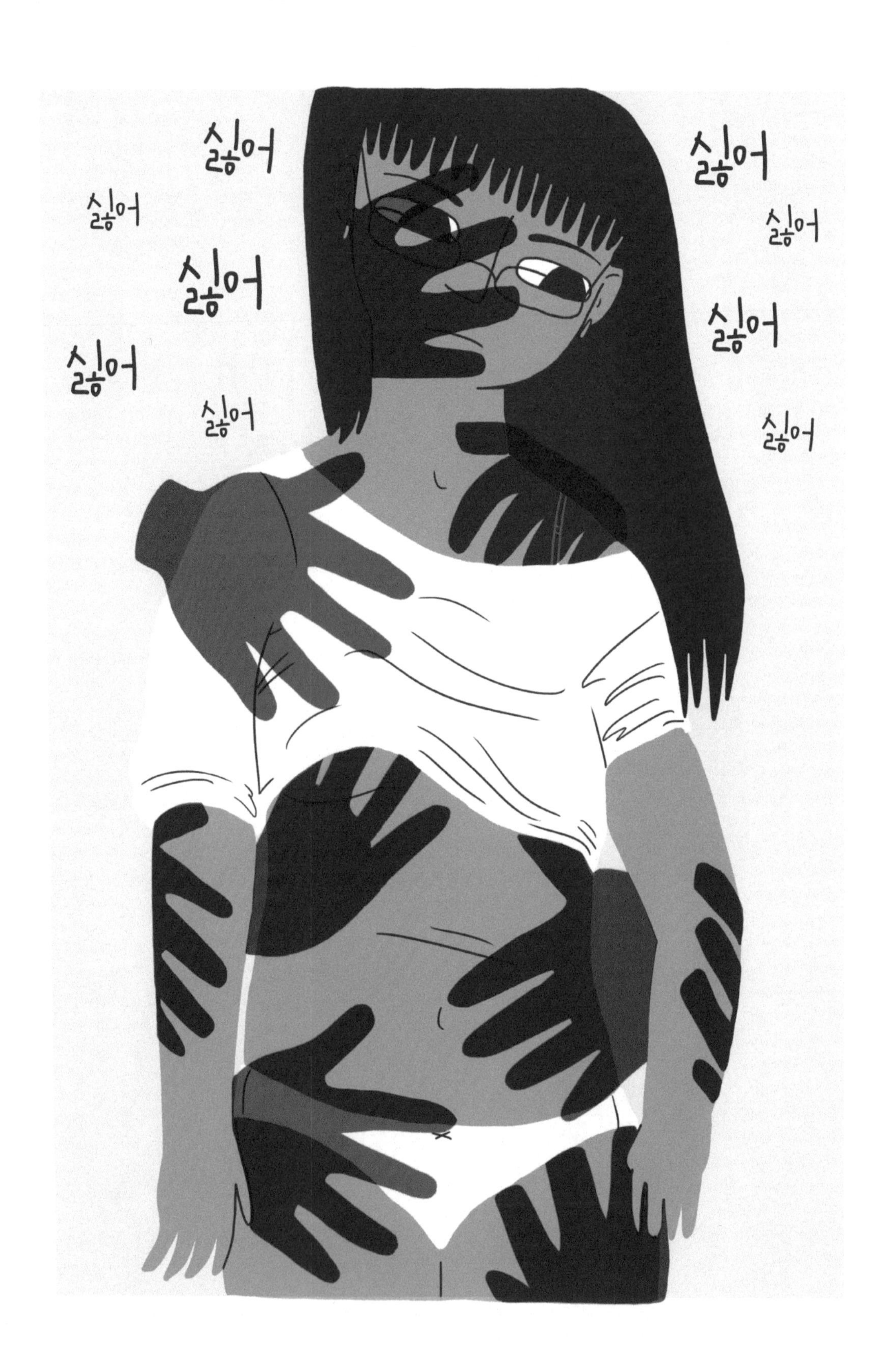
싫어
싫어
싫어
싫어
싫어
싫어
싫어
싫어
싫어

그는 페이스북을 통해 보내온 내 친구들 메시지도 삭제했다. 이메일도 대신 읽고서 그가 내 일정까지 마음대로 취소했다. 내 허락 하에? 천만에.

추수감사절: 그와 함께 나의 조부모님 댁에 갔다. 모두가 즐거운 시간을 보내는 가운데 서로 놀리며 농담을 하던 참이었다.

그때 그가 내 뺨을 때렸다. 일곱 명의 식구들 앞에서.

집으로 돌아온 이후 나는 그에게 꺼지라고 말했다. 내가 일하고 돌아올 때까지 그가 아파트에서 나가지 않고 있으면 경찰을 부를 작정이었다.

내가 집에 돌아왔을 때 그는 가고 없었다. 모든 것이 달라졌다.
정말이지 아주아주 오랜만에 나는 가장 평화롭게 잠을 잘 수 있었던 것이다.

나는 고양이 이름도 다시 지었다. 루시. 루시는 나에게 그때의 기억을 상기시켜준다.
내가 나의 본능을 믿지 않았던 그때를.

그는 내 친구들을 앗아갔다. 내 가족도. 내 자유도.
영원히.

그 관계가 내 삶에 영향을 끼쳤냐고? 벌써 5년 전 일인데, 그 이래로 나는 연애를 한 적이 없다.

열둘

내가 일곱 살 때 일이다.
여러 가족이 모여 캠핑을 갔다.
나는 내 또래의 남자아이와 캠핑장에서 좀 멀리
떨어진 곳까지 걸어갔다. 몇 년 동안
헤어져 있다가 다시 만나게 된 친구였다.

?
그 아이보다 한두 살 더 많은
그 애 친구도 함께 갔다.

우리는 숲속을 산책하기로 했는데
세 명이 함께 있으니
틀림없이 안전할 거라고 생각했다.

약 한 시간 후,

나이많은 남자애가
소변이 마렵다고 했다.

지익!

나는 돌아서서 당황한 채 눈을 가렸고,
그는 그런 내 모습에 웃음을 터뜨렸다.

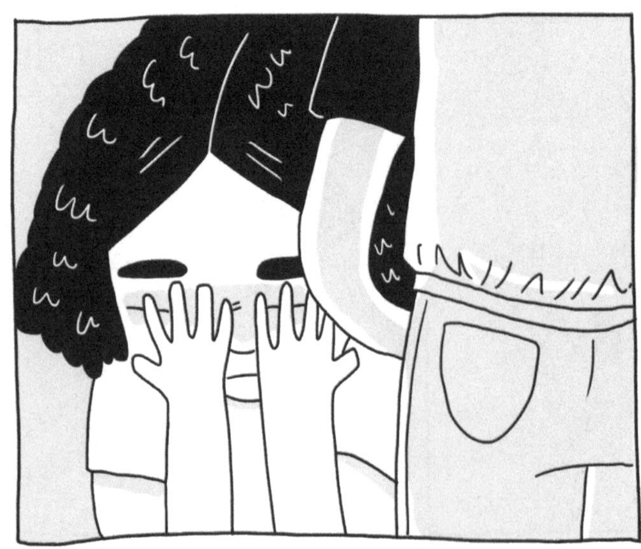

나는 빨리 캠핑장으로 돌아가자고 말했다.

그가 웃었다.

하지만 내 친구와 나는 웃지 않았다.
...

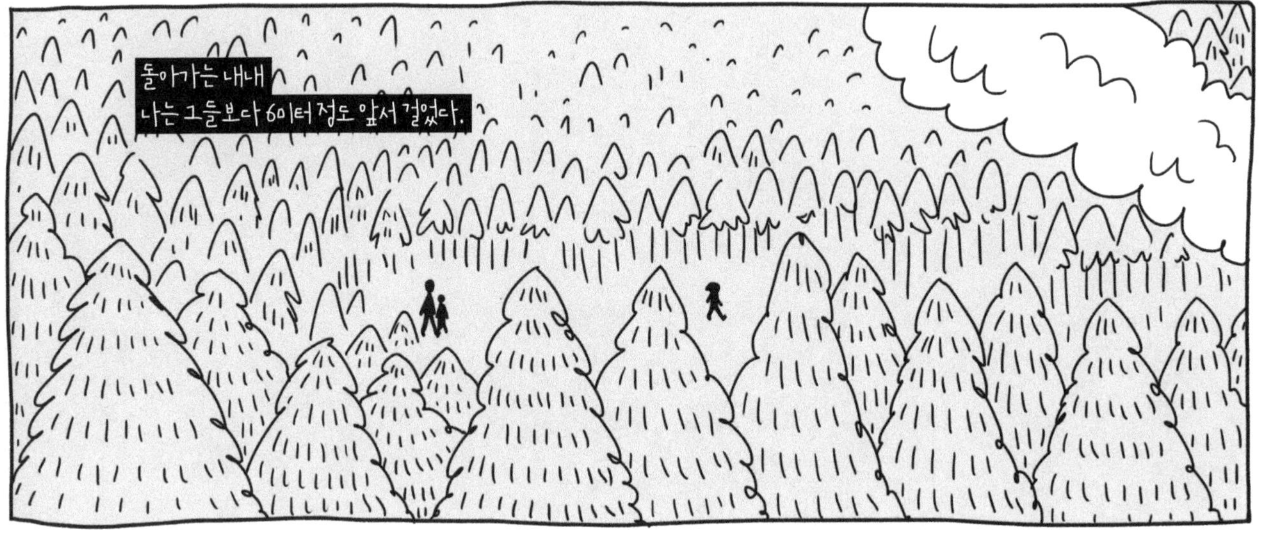
돌아가는 내내
나는 그들보다 6미터 정도 앞서 걸었다.

캠핑장으로 돌아왔을 때 나는 아무도
쳐다볼 수가 없었다.

거기다, 아무 말도 안 하고
멀리까지 갔다고
크게 혼이 났다.

바람결에 희미한 목소리가 들려왔다.
소년은 뭐가 그리 큰 문제였는지 몰랐다고…
지금까지도 그 일은
나의 쭈글쭈글한 좌뇌 어느 한구석에
일종의 수치심으로 자리하고 있다.

열셋

헤—이

장난해
지금?

저쪽에서
좌회전
하세요.

어느 쪽으로
가지?
음, 해변.

태워줄까?

이런
망할
됐어요.

타라니까.
싫어.

우리
한번 할까?

노우우우.

그러지 말고.
바위 위에서 하는 건 어때?

노우.

딴 데 가서 알아봐.
관심 없다잖아.

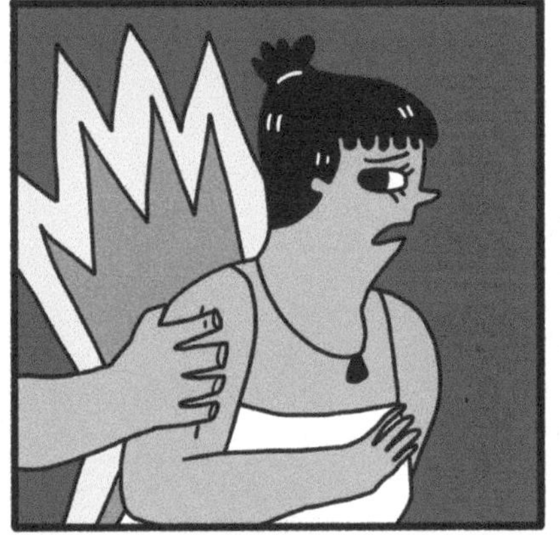

왜 이러셔. 어차피 처녀도 아닐 텐데, 응?

그럴 리가 없잖아!

아무렴.
흔들흔들

당신이 상관할 바 아니잖아!

이제 좀 비켜주시지.
아님 내가 가?

열넷

샌프란시스코

1

* 미국 어린이 TV 프로그램 <세서미 스트리트>에 나오는 털북숭이 캐릭터로, 쓰레기통 속에 사는 걸 좋아한다.

2

3

열다섯

←나
여동생
슈퍼마켓
정체불명의 남자
오줌 좀 싸도 될까?

화장실은
저쪽인데요.

아니, 괜찮아.

여기가
편해.

찰싹!

경찰

그 사람이
내 엉덩이를 쳤어요.

오 그래, 우리도 이 문제를
아주 심각하게
여긴단다.

엄중하게 처벌하마.

당장 실행하도록 하지.

다음 날
여전히 그곳엔

열여섯

Café
나는 사우스브리지를 걷고 있었다.
저녁 8시쯤.
해도 아직 지지 않았을 때다.
나는 청바지를 입고 있었다.
중대한 사안이라고 생각해서 이 일을 언급하는 것은 아니다.
하지만 많은 사람들이 같은 말들을 하기에…
갑자기, 어떤 남자가
내 엉덩이를 쳤다.
찰싹!
(그것도 세게)

나는 너무 놀라서
어찌 해야 할지
몰랐다.
계속해서
걸어가는 수부
없었
그런데 그때 갑자기 화가 났다.
이런 젠장,
지금 뭐하는 짓이야?!

하
하 하
하
하
무슨 문제라도 있나?
애들 보는 앞에서 욕을 해?
입밖으로 아무 말도 나오지 않았다.
PUSH
파이 가게로 갔다.
부들부들 떨리는 손
가게 점원한테 하소연을 했다.
친절한 사람이었다.
그에게 무슨 말을 어떻게 했는지 기억나지 않는다.

열일곱

고3때, 졸업생들끼리 캠프파이어를 하던 날 밤이었다.

취한 상태에서 우리는 키스를 하기도 했다.

그는 내 친구였다.

우리는 수풀 같은 데로 들어갔는데, 그가 내 위에 올라
타면서 옥죄어왔다.

내 팬티 속에 손을 집어넣고 나를 만졌다.

그만하라고 말했지만 그는 듣지 않았다. 하지만 나는 너무 취한 데다 어렸기에 거기서 벗어나질 못했다.

뭐가 잘못됐는지 알아차리는 데 며칠이 걸렸다.

그에게 전화해서 만나자고 했다.

나는 그가 뭘 잘못했는지 얘기하고 어느 누구에게도 다시는 그런 짓을 하지 말라고 했다.

그 이후로 나는 그를 본 적이 없다.

그가 내 말을 알아들었기 바란다.

열여덟

과외수업
자, 이제 문제를 이해하는 것 같구나…
학생
가정교사

바비는 내 첫 번째 남자친구였는데…

한번은 한밤중에 둘이서 공원에 간 적이 있어요…
관심없어!!

수업이 도움됐기 바란다. 새학기 잘 지내렴.

학교에서

선생님 집 어딘줄 알아냈어요!

같이 영화 보러 갈래요?
미안, 난 좀 바빠서.

그럼 일하는 거 보고 있죠 뭐.

거북함의 수치

제 남자친구가 되어주실래요?

고맙지만 난 지금 연애 같은 거 관심없단다.

여름

아시아 여행 가는데 선물 뭐 사다드릴까요?
됐어.

선생님!
안녕.
안녕하세요!
안녕.
나도 이제 선생님한테 관심 없다고요.
천만다행.
스티브가 얼마나 특이한지, 우리가 뭘 했냐면요…
응.
내가 포르노 영화 즐겨 본다는 얘기 했던가요? 내가 좋아하는 배우들이 누구냐면…
책상에 배우 사진 좀 놔드릴까?
선생님!
내가 여기서 일하는 건 또 어떻게 알고?
다 알아내는 수가 있죠. 선생님을 만나야 했거든요. 그렇게 내향적이면서 어떻게 블로그는 해요?
뭐라고?
난 아무하고도 블로그 공유 안 해. 미안하지만 내 거 보지 말아 줘. 아니면 비밀 계정으로 바꿀 수밖에.
이미 머릿속에 잘 저장해 놓았는걸요.
선생님 자동차 번호판이나 수업 시간표도 진작부터 머릿속에 죄다 입력돼 있었고요.

학교
미안하지만 다시 말하는데 난 정말 연애할 맘 손톱만큼도 없어.
괜두세요! 쳇, 나도 마찬가지라고요. 안 사귀는 게 피차 좋은 거죠.
왜냐하면 당신은 진짜 나쁜 사람이니까. 알겠어요?! 당신 같은 사람 나도 필요 없다고!
음, 셜리.
하. 뭐요.
당신은 최악이에요. 알아요? 최이
당신 같은 사람을 내가 좋아할 줄 알고?
세상에, 꿈깨셔. 하하.
내가 혼자 지내는 집이 있는데 머물 곳이 필요하다면 얘기하세요.
아니, 됐어.
무슨 음흉한 딴생각은 말라고요!!!!
축하해!
그래, 너도!
안녕!
축하해요.
안아봐도 돼요?
음, 그래.
사람을 그렇게 갖고 놀다니!
뭐?
외국으로
그녀:

열아홉

AISLE 12
저기요.
찾고 싶은 게 있는데요.
오, 섹시.
JOSH
으윽!
오, 아니에요!
아름답다는 뜻이었는데!
JOSH

실례합니다만 직원들 중 하나가 부적절한 말로 응대를 했어요. "오, 섹시." 그러면서.
MANAGER
아, 그냥 재밌자고 한 얘기죠.
MANAGER
성희롱: ☑ 묵인!
오, 섹시
헤이, 뒤태 빵빵한데!
그냥 재밌자고
같이 웃자고!
하
하
하
하
너무 재밌어!

스물

전 여자친구한테
성폭행을 당한 적이
있었다.

그녀가 툭하면
써먹는 방식 중 하나는
자살 협박(자살 기도
포함)으로 나를
복종하게 만드는
거였다.

헤어지고 난 뒤 일주일,
내가 자고 있는 사이
그녀가 우리 집으로
몰래 들어왔다.

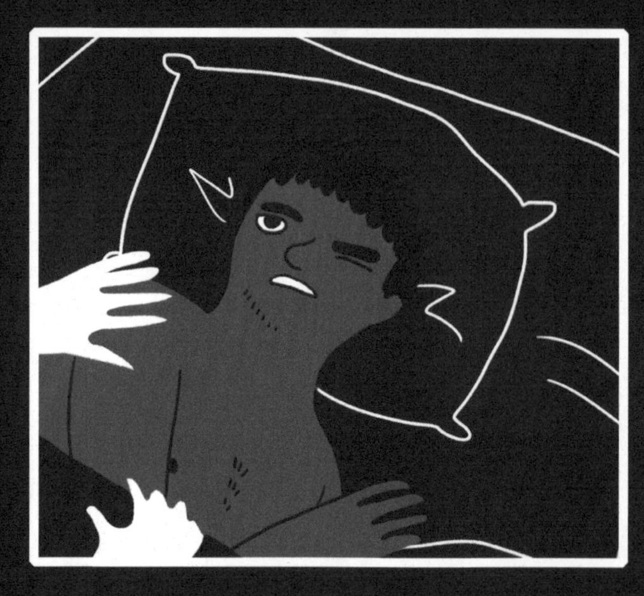

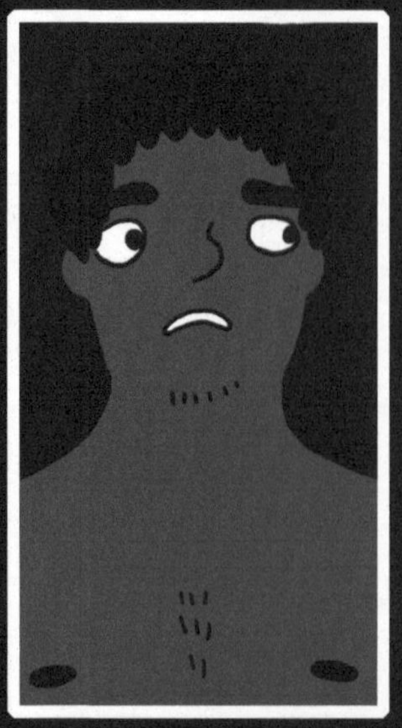

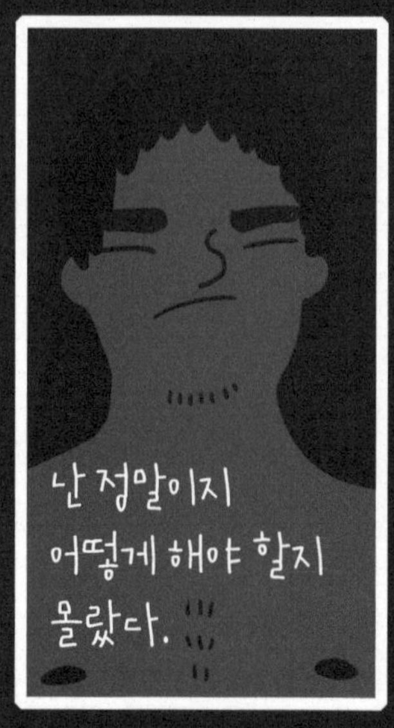
난 정말이지
어떻게 해야 할지
몰랐다.

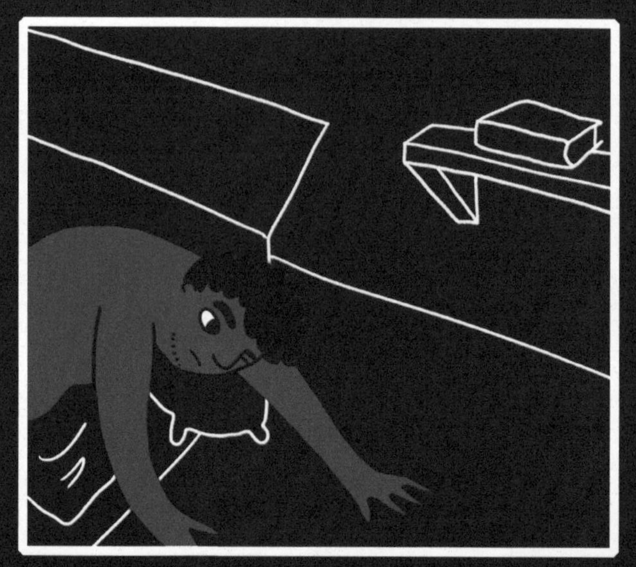

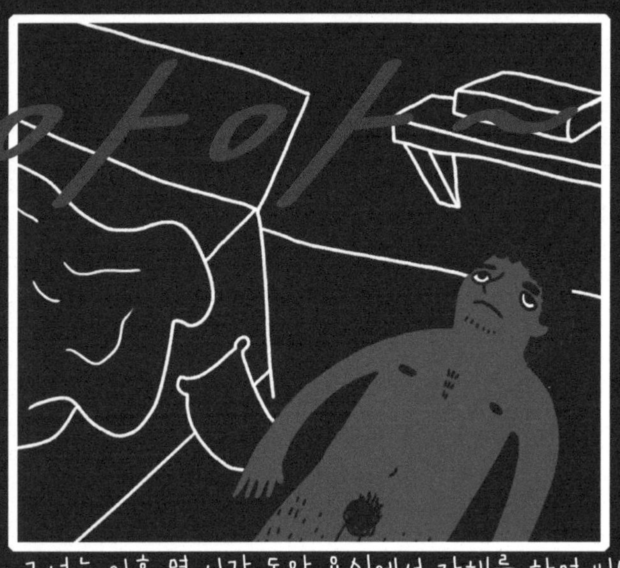

그녀는 이후 몇 시간 동안 욕실에서 자해를 하며 비명을 질러댔다.

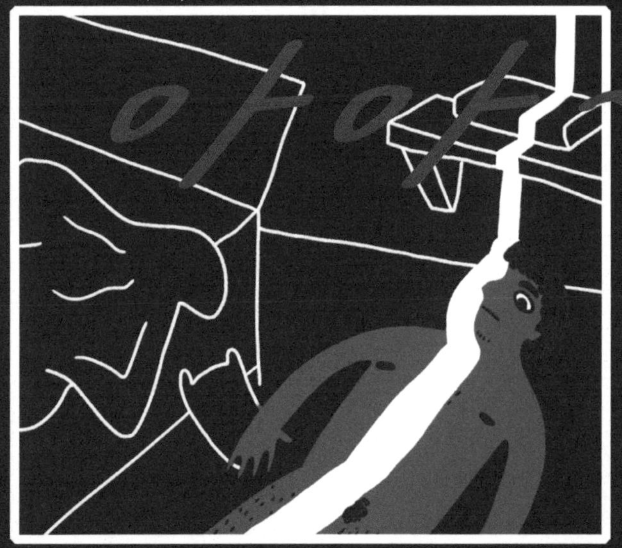

집 열쇠를 바꾸었지만
여전히 집 앞에선
그녀가 남긴 메시지를
발견할 수 있었다.

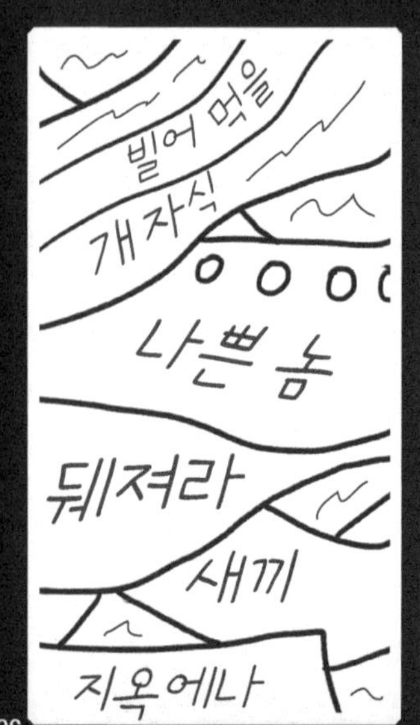

1년인가 2년이 흐른 후 그 일이 중단되었다.

그녀에게 무슨 일이 일어났는지는 모르겠지만 난 그녀가 전문가의 도움을 받았길 바란다.

나는 이 일을 대수롭지 않게 여기려고 노력 중이다.

모든 걸 잊고 극복해나가고 싶다.

일러두기

이 책에 실린 이야기들은 대부분 온라인상에 익명으로 올라온 것이며, 인터뷰의 형식을 띤 글들도 있다. 끊임없이 토론하고 경험을 공유하는 과정을 거쳤다. 새로운 이야기를 접할 때마다 모두 공감하며 말했다. "어머, 나도 그런 일이 있었는데." 이런 이야기들이 보편적이란 사실은 괴롭지만 한편으로는 희망적이기도 해서 다행스럽다. 각자의 고통을 나눔으로써 살아남은 자들이 그들의 아픈 경험으로부터 보다 쉽게 벗어날 수 있으며, 성폭력에 관용은 없는 사회 분위기가 조성될 수 있다는 점은 충분히 희망적이다.

들어주기

살아남은 자들이 무엇을 말하려고 하는지 주의 깊게 들어야 한다. 대부분 말을 꺼내기조차 힘들어할 때가 많다. 인내심을 가지고 관심을 기울여야 한다. 그들이 겪은 일들을 무시하거나 경멸하지 말라. 살아남은 자들의 이야기는 전대미문의 믿을 수 없는 것들이 허다하다. 바로 그렇기 때문에 공개적으로 밝히기를 꺼려할 수밖에 없는 것이다. 살아남은 자들은 자신들의 경험을 토로하는 것만으로도 안도감을 느낄 수 있다. 그들이 위안을 얻든 정의를 구현하든 상관없이 말이다. 하지만 이 모든 것은 들어주는 사람이 있을 때야만 가능해질 수 있다.

도와주기

살아남은 자들을 격려하고 지지하는 것은 어떻든 간에 그들에게 있어서 가장 큰 위안이 되는 부분이다. 쟁점에 대해 터놓고 같이 이야기를 나누는 방법도 있지만 그들이 아직 준비가 안 되었을 수도 있다. 그 어떤 것에 대해서도 민감한 반응을 보여서는 안 된다. 오히려 그들의 아픈 기억에 방아쇠를 당기는 격이 될지도 모르기 때문이다. 온라인상이지만 이것은 개개인의 사적인 관계뿐만 아니라 일반 사람들에게도 적용되는 이야기들이다. 어떻게 도와줄 수 있을지에 대해 묻는 게 우선이다.

지켜보기

어딘가 꺼림칙한 느낌, 위험한 상황에 처해 있을지도 모른다는 느낌, 그런 징후를 알아차려야 한다. 자신의 파트너를 외부와 격리시키려고 하는, 도가 넘치게 질투심 강한 파트너. 관심이 있어서가 아니가 괜히 쓸데없이 젊은 여자에게 말을 거는 낯선 사람. 누군가 "아니요"—부정의 뜻이 담긴 암시이건 직접적인 의사 표시이건—라고 말하지 못하는 상황에 처해 있는 것은 아닌지 지켜보아야 한다.

중단하기

제3자로서 개입이 필요하다 싶으면 주저해서는 안 된다. 다른 사람들이 상처받고 있을 때 침묵해버린다면 자신들의 행동이 정당하다고 주장하는 공격자들과 다를 바가 없다. 상황이 사소하든 위급하든 심각성의 정도를 떠나서 이는 어떤 경우라도 마땅히 제3자의 개입이 적용되어야 한다. 자신을 성폭행한 사람이 지인인 경우가 종종 있다. 그 공격자가 친구일 수도 있다. 친구가 어떤 성적인 얘기를 하거나 성폭행에 대한 농담을 던질 때 중단시켜라. 토론을 거치면서 이야기를 풀어나가라.

다가가기

살아남은 자로서 평온을 되찾을 자격이 있다.
도와줄 사람을 찾는 것에 대해 두려워하지 말라.
도움을 줄 수 있는 네트워크가 충분히 산재해 있다.
전화상담 기관과 성폭행 위기 센터에 전문적 훈련을 받은
스텝들이 갖추어져 있으므로 그곳을 통해 힘든 상황을
토로할 수 있다. 이야기할 준비가 되어 있지 않다고
하더라도 그곳에는 이야기를 들어줄 사람들이 있다.
상담 전문가들이 여태 만나보지 못했던 가장 친밀하고
가까운 친구의 역할을 해줄 것이다. 이들이 가장 적합한
방식에 따른 지지와 응원을 아끼지 않을 것이다.

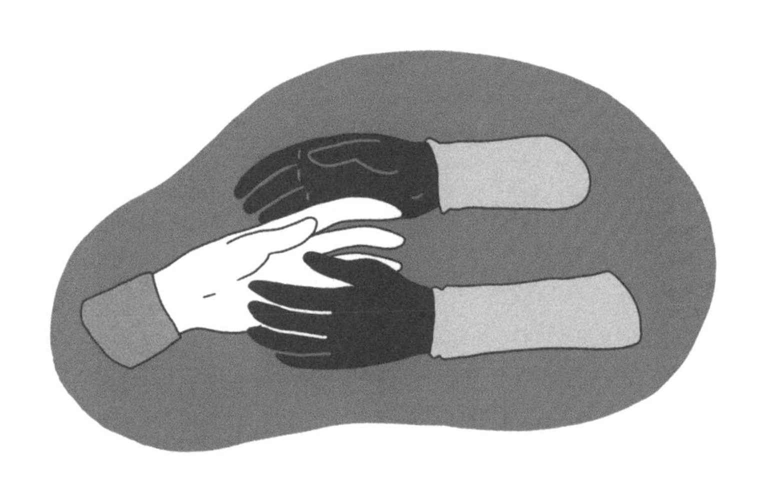

감사의 말

이 프로젝트를 위해 마음의 문을 열고 자신들의 이야기를 나누어준 모두에게.
여러분의 이야기는 충분히 들려줄 만한 가치가 있습니다.

한국내 성폭력 관련 상담문의
여성긴급전화 1366

여성폭력 사이버 상담신고센터
www.womenhotline.or.kr

옮긴이 강희진

성심여자대학교와 같은 대학교 대학원 불어불문학과를 졸업하고
프랑스 툴루즈 미라이 대학에서 프랑스어를 공부했다.
옮긴 책으로 『7층』 『가족의 초상』 『그들의 등 뒤에서는 좋은 향기가 난다』
『끝없는 기다림』 『사랑하지 않아도』 등의 그래픽노블과 그 외 다수의 그림책이 있다.

그냥 좋게 받아들이세요

초판 1쇄 발행 · 2017년 2월 28일

글, 그림 · 마리아 스토이안
옮긴이 · 강희진
펴낸이 · 김요안
디자인 · 주수현

펴낸곳 · 북레시피
주소 · 서울시 마포구 신수로 59-1, 2층
전화 · 02-716-1228
팩스 · 02-6442-9684
이메일 · bookrecipe2015@naver.com | esop98@hanmail.net
홈페이지 · www.bookrecipe.co.kr
등록 · 2015년 4월 24일(제2015-000141호)
창립 · 2015년 9월 9일

ISBN 979-11-956154-8-3 03330

이 도서의 국립중앙도서관 출판예정도서목록(CIP)은 서지정보유통지원시스템
홈페이지(http://seoji.nl.go.kr)와 국가자료공동목록시스템(http://www.nl.go.kr/kolisnet)에서
이용하실 수 있습니다. (CIP제어번호: CIP2017003971)